Made in the USA
Middletown, DE
14 August 2020

15480040R00057